Der Kastanienbaum

Heiderose und Andreas Fischer-Nagel

Der Kastanienbaum

Kinderbuchverlag Luzern

Unseren Kindern Tamarica und Cosmea Désirée

CIP-Kurztitelaufnahme der Deutschen Bibliothek:
Fischer-Nagel, Heiderose:
Der Kastanienbaum / Heiderose u. Andreas Fischer-Nagel. –
Luzern: Kinderbuchverlag, 1987
ISBN 3-276-00059-8
NE: Fischer-Nagel, Andreas:

Fotos von Andreas Fischer-Nagel, mit Ausnahme der folgenden:
Umschlag: Jacana/Lecourt – Seite 31 (links): Karl F. Wolfstetter
Seite 33: Jacana/Lecourt

Textbearbeitung: Heidrun Diltz

Filmherstellung: Lanarepro, Lana/Meran
Satz: F. X. Stückle, Ettenheim
Druck: K. Stiller, Remseck
Bindung: W. Röck, Weinsberg
Printed in Germany

Bestellnummer: 1900059

Bücher für Kinder, die mehr wissen wollen
Eine Auswahl:

Theres Buholzer
Schneckenleben

Denise Burt und Neil McLeod
So lebt der Koala

Heiderose und Andreas Fischer-Nagel
Der Ameisenstaat
Im Bienenstock — Wunderwelt der Honigbienen
Im Hamsterbau
Der Kastanienbaum
Ein Kätzchen kommt zur Welt
Ein Leben auf kurzen Beinen – Ein Dackel kommt zur Welt
Marienkäfer — Die wunderbare Verwandlung aus dem Ei
Blick durchs Mauseloch
Bunte Welt der Schmetterlinge — Das Tagpfauenauge
Das Storchenjahr
Der Tannenbaum

Elvig Hansen
Aus dem Leben der Erdkröte
Familie Wellensittich
Unsere Hausgans
Das Ziegenbuch

Hans-Heinrich Isenbart und Othmar Baumli
Ein Entchen kommt zur Welt

Hans-Heinrich Isenbart und Thomas David
Ein Fohlen kommt zur Welt

Hans-Heinrich Isenbart und Jay Featherley
Mustangs – Wildpferde in Amerika

Hans-Heinrich Isenbart und Ruth Rau
Ferkel, Fohlen, Kitz und Co.

Jane Miller
Das Buch vom Schwein

Wolfgang Sauer
Hirsche – Die Könige der Wälder

Annemarie und Christian R. Schmidt
Das Buch der Tierfamilien – Bd. 1: Bären

Claudia Schnieper und Othmar Baumli
Der Apfelbaum im Jahreslauf

Claudia Schnieper und Felix Labhardt
Dem Fuchs auf der Spur
Baumeister Dachs

Claudia Schnieper und Max Meier
Spinnen – Fallensteller im seidenen Netz
Das Chamäleon – Meisterschütze und Verwandlungskünstler

Jin Xuqi und Markus Kappeler
Der Große Panda – Bedrohtes Leben im Bambuswald

Es gibt kaum einen anderen Laubbaum, den jeder auf Anhieb erkennt, wie den Kastanienbaum. Wir finden ihn überall in Parks und an Alleen, an Wegen, auf Waldwiesen und in alten, gemütlichen Gartenwirtschaften. Er macht uns das Erkennen auch wirklich leicht mit seinen typischen langstieligen, handförmigen Blättern, den prächtigen Blüten und den glänzenden, glatten Früchten. Wer denkt dabei nicht gleich an das Vergnügen, im Herbst durch das herrlich raschelnde Laub zu stapfen und Kastanien zu sammeln? Drei Kastanien in der Tasche schützen vor Rheuma, heißt es im Volksmund. Und eine Kastanie im Geldbeutel soll gar immer für klingende Münzen sorgen, meinen abergläubische Menschen! Kinder und Erwachsene basteln gern mit Kastanien: drollige Figürchen und Fabelwesen, hübschen Hals- oder Armschmuck und ähnliches. Ja, und dann denken wir als nächstes vielleicht an den köstlichen Duft eines Holzkohlenfeuers auf dem Weihnachtsmarkt, wenn Kastanien für große und kleine Leckermäuler geröstet werden. Doch halt – da haben wir bereits den «Kastanien-Salat»: Kastanie ist nämlich nicht gleich Kastanie! Während zu Beginn von der *Gemeinen Roßkastanie* die Rede war, handelt es sich bei den gerösteten Kastanien um die Früchte der *Edel- oder Eßkastanie*. Zwar haben beide Bäume einen Teil des Namens gemein, doch sind sie grundverschieden und nicht einmal miteinander verwandt!
Hauptsächlich geht es in diesem Buch um die Roßkastanie. Wir machen aber auch einen «Abstecher» zu der Edelkastanie und einigen anderen früchtetragenden Laubbäumen.
Unsere heimische Roßkastanie stammt aus dem Balkan. Im Jahre 1576 wurde in Wien erstmals ein Kastanienbaum gepflanzt: aus Samen, die ein Herr Clusius, Direktor der kaiserlichen Gärten in Wien, aus der Türkei bekommen hatte. Bald wurden Samen auch an andere Parkverwaltungen verschickt. So verbreitete sich die Roßkastanie schließlich über ganz Mitteleuropa.
Obwohl ihr Name eigentlich dafür spricht, ist die Roßkastanie kein Pferdefutter. Früher hatte man das geglaubt: Herr Clusius hatte nämlich berichtet, daß die Türken ihren Pferden zerstampfte Kastanien fütterten. Es war ihm allerdings schlicht entgangen, daß der «Kastanienbrei» nur als Medizin verwendet wurde. So entstand wohl die Bezeichnung. Möglicherweise wurde der Name aber auch von der Form der Narben abgeleitet, die die Blätter im Herbst nach dem Abfallen am Baum hinterlassen: Sie sehen aus wie Hufeisen. Wie auch immer: Pferde fressen freiwillig keine Roßkastanien, und auch wir Menschen können sie nicht essen. Nur Wildschweine, Hirsche, Rehe und einige Nagetiere nehmen sie, besonders im strengen Winter, gerne als Zusatzfutter. Hingegen wird auch für uns so manches Heil- und Schönheitsmittel hergestellt. Ein echter Nutzen also neben der Freude an den schönen, kräftigen, schattenspendenden Bäumen!

Immer, wenn wir aus dem Fenster in Nachbars Garten hinüberschauen, freuen wir uns über diesen mächtigen, ungefähr 80 Jahre alten Kastanienbaum. Dicht verschneit, wie ein Riese so groß, erhebt er sich zwischen all dem Gebüsch. Er begleitet uns durchs ganze Jahr, zeigt sich uns in wechselnden Bildern, die uns nie langweilig werden. Komm mit und schau dir diese Bilder an. Sie werden dir viel erzählen!

So tot, wie die Bäume im Winter aussehen, sind sie natürlich nicht. Bereits jetzt, wo der Schnee noch dick auf den Zweigen liegt, sind die ersten Knospen zu sehen.

Diese Knospen wurden schon im Frühsommer gebildet, nachdem der Baum Blüten und Blätter entfaltet hatte. Nach dem Laubfall im Herbst verharren diese Erneuerungsknospen in einem Ruhezustand.

Schauen wir uns die Winterzweige einmal ganz genau an: Wir erkennen große, hufeisenförmige Narben an jenen Stellen, wo im Herbst die Blätter abfielen (Bild oben links). Deutlich sind in diesen «Hufeisen» die alten Gefäßbündel zu sehen. Das sind gewissermaßen die Adern des Baumes, durch die vom Frühjahr bis zum Herbst Wasser und Minerale in das Blatt gelangten. Am Ende der Zweige sitzen Knospen, die besonders groß sind. Sie sind außen von braunen Schuppen umgeben. Sie schützen

die Blätter und den Blütensproß, die bereits im Herbst zusammengefaltet und zusammengerollt fürs nächste Jahr in der Knospe liegen. Öffnet sich die Knospe, fallen die Knospenschuppen ab. Sie werden dann nicht mehr gebraucht: Blüten und Blätter entfalten sich.

Im Frühjahr werden die Knospen sehr klebrig. Das ist ein «Trick» der Natur: Die klebrige Masse verhindert, daß die Knospen austrocknen oder durch sehr schlechte Witterung beschädigt werden. Außerdem schmecken sie dadurch bitter und schrecken so Vögel und Insekten davon ab, sie zu fressen. Die Knospen platzen schließlich auf. Zum Vorschein kommen innen zunächst helle, etwas filzige Haare.

Die neuen Blätter sind dicht mit weißen Haaren bedeckt und noch der Länge nach gefaltet. Langsam breiten sie sich aus und hängen zunächst nach unten. Je mehr sich das Blatt aufrichtet, um so mehr verschwindet die Behaarung. Sie hatte übrigens einen ganz besonderen Wert: An den Haaren verdunstet die Pflanze nämlich sehr viel Wasser und versorgt so die nun bald austreibenden Blüten mit zusätzlichem Wasser.
Das Blatt der Roßkastanie, auch Fiederblatt genannt, besteht aus fünf bis sieben fein gezähnten Einzelblättern, den Blattfiedern. Es sieht aus wie eine große Hand mit mindestens fünf Fingern!

Haben sich die Blätter ganz entfaltet, wachsen die Blüten heran. Wie ein Strauß aus kleinen Kugeln sehen die zukünftigen Blütenrispen aus (Bild rechts). So nennt man jene Blüten, die aus vielen Einzelblüten bestehen.

Auf diesen Bildern sind die Einzelblüten noch zusammengefaltet. Die hellgrünen, kleinen Blätter hängen herunter. Erst im Mai/Juni sind die Blüten so groß, daß sie sich uns in ihrer ganzen Schönheit zeigen und den Kastanienbaum in ein riesiges, weißes Festtagskleid hüllen. Wie Kerzen am Weihnachtsbaum stehen die Kastanienblüten dann senkrecht nach oben – daher auch der Name «Blütenkerzen». Vorläufig trägt unser Kastanienbaum noch sein schlichtes grünes Gewand.

Die Roßkastanie ist ein stattlicher Baum, der 25 bis 30 Meter hoch und über einen Meter dick werden kann.
Die Äste des Baumes sind nach oben gebogen und haben

eine glatte, dunkelbraune, im Alter graubraune Rinde. Das Kastanienholz ist weich und feinfaserig. Es springt und reißt nicht und eignet sich deshalb für Schreiner- und Drechslerarbeiten. Als Bauholz wird es kaum verwendet, weil es zu wenig Festigkeit hat. Roßkastanien werden daher mehr als Zier- denn als Nutzbäume angepflanzt.

Auf dem Bild oben rechts erkennst du die Anordnung der Blätter an dem langen Stiel. Die Einzelblätter stehen «kreuzständig» – im rechten Winkel – zueinander. Dadurch kann kein Blatt das andere beschatten, und so erhalten alle Blätter des Baumes genügend Licht.

Im Mai/Juni ist es endlich soweit: Die Roßkastanie blüht! Die wunderschönen, duftenden und weithin leuchtenden Blütenkerzen sind 15 bis 30 Zentimeter lang. Jede Einzelblüte hat einen gelben, später rot werdenden Fleck: das «Saftmal». Es leitet die Bienen von den Staubgefäßen, den männlichen Blütenorganen, auch zum Nektar, dem zuckerhaltigen Saft am Grund der Blüte. Viele Blüten haben keine weiblichen Blütenorgane. Es sind «Scheinblüten», aus denen keine Früchte entstehen. Sie befinden sich vor allem im oberen Teil der Rispe. Etwa in der Mitte gibt es zuweilen einige «zwittrige» Blüten: solche, die zugleich männlich und weiblich sind. Meist im unteren Teil der Kerze sitzen die weiblichen Blüten, aus denen die Früchte wachsen.

Neben der leuchtend weiß blühenden Gemeinen Roßkastanie gibt es die Rote Roßkastanie, deren Blüten in Rosa bis Rot erstrahlen. Ihre Knospen sind nicht klebrig, ihre Blätter etwas kleiner und dunkler. Sie beginnt etwa eine Woche später zu blühen als ihre weiße Schwester.

Stellst du dich unter einen blühenden Kastanienbaum, hörst du es über dir eifrig summen und brummen. Unendlich viele Bienen und Hummeln besuchen jetzt die Kastanie, um Nektar zu sammeln. Während dieser Sammeltätigkeit helfen die Insekten bei der «Bestäubung», der Befruchtung der Blüte, mit. Pollen, der männliche Blütenstaub, bleibt an den feinen Härchen ihres Körpers hängen. Sie tragen ihn von einer Blüte zur anderen, wo er auf den weiblichen Blütenanlagen kleben bleibt. Erst jetzt, da männliche und weibliche Keimzellen zusammengekommen sind, kann sich eine Frucht entwickeln.

Während die Hummeln sich den Nektar ausschließlich als Nahrung holen, machen die Bienen später im Bienenstock daraus auch guten Kastanienhonig.

Nach etwa 14 Tagen sind die Blüten verwelkt. Jetzt beginnen die Früchte der Roßkastanie zu wachsen: große, dreiteilig aufspringende, grün oder grünlichbraune, weichstachelige Kapseln. Sie enthalten meistens einen bis drei große, rotbraune Samen mit einem weißen «Nabelfleck»: die Kastanien, wie wir sie alle kennen.
Von jeder Blütenrispe gibt es übrigens nur einige wenige Früchte.

Für uns sind die Kastanien ungenießbar, wie du ja schon weißt. Bedeutung hat sie für uns aber doch als Medizin oder Schönheitsmittel: Aus den Blättern, Früchten und der Rinde werden allerlei Pulver, Extrakte, Tinkturen, Salben, Badezusätze und Tees gegen Venenerkrankungen und Bronchitis hergestellt. Die Blätter, die man von Mai bis August erntet, werden zu einem dunkelbraun bis rotschwarz tönenden Haarfärbemittel verarbeitet.

Sechs bis acht Wochen ist es her, seit die Blüten verwelkt sind. Die Früchte sind gewachsen und nun ungefähr so groß wie mittelgroße Murmeln. Schneidet man sie auf, sieht man, wie klein, weich, weiß und wäßrig die später rotbraunen Samen jetzt noch sind. Auf diesem Bild wie auch auf dem darunter kannst du erkennen, daß es in der Frucht große und kleine Samen gibt. Die kleinen verkümmern später entweder ganz oder bleiben so klein wie hier. Aus ihnen könnte nie ein neuer Baum wachsen.

Eine Kastanienfrucht hat drei Kammern (Bild rechts): Darin reifen die Samen – die Kastanien, die du im Herbst sammelst. In jeder Kammer befinden sich anfänglich zwei Samenanlagen, aber höchstens eine wächst heran. Oft verdrängen aber auch die Samen aus zwei Kammern beide Samen der dritten Kammer, so daß in der grünen Stachelfrucht nur noch zwei schöne große Samen zu finden sind.

Die Früchte auf dem Bild oben sind 16 bis 18 Wochen alt. Es ist September geworden und der kommende Herbst schon ein wenig zu spüren. Bald wird der «Kastaniensegen» zur Erde fallen!

Für das Bild unten haben wir die Kastanien aus ihrer Fruchthülle herausgenommen. Die weißen Flecken sagen uns, daß diese «Früchtchen» noch nicht ganz reif sind. Vorn siehst du zwei verkümmerte Samen aus der gleichen Frucht.

Voller Früchte ist der schöne alte Kastanienbaum jetzt im Oktober. Fast gleichzeitig sind sie alle reif und fallen zu Boden: zum Teil von selbst, zum Teil durch den Wind oder von Kindern gezielt «heruntergeschossen».
Wie schön die Kastanien glänzen. Ihre rotbraune Schale ist noch weich und feucht, wird aber dann recht schnell härter. Innen, wo das neue Leben bis zum kommenden Frühjahr schläft, bleibt der Same gelblichweiß.

Im Herbst verfärben sich die grünen Blätter der Kastanien bunt, so wie die aller Laubbäume. Langsam werden die Blätter gelb, rot und braun. Schließlich fallen die Blätter ab: Es würde den Baum im Winter viel zu viel Kraft kosten, sie zu behalten.

Der Baum zieht nun langsam die Nahrung aus den Blättern heraus – in Stamm, Äste und Wurzeln hinein. Das Grüne, das aus dem Blatt verschwindet, heißt Chlorophyll. Es stellt mit Hilfe des Sonnenlichts, dem Wasser aus dem Boden und einem Teil der verbrauchten Luft, dem Kohlendioxid, neben dem für alle Lebewesen benötigten Sauerstoff die Aufbaustoffe für den Baum her. Ist nun im Herbst den Blättern alle Nahrung entzogen worden, fallen sie zu Boden: Der Baum ist kahl. Dort, wo sich ein Blatt befand, bleibt die kleine hufeisenförmige Narbe zurück. Darüber sitzt die kleine Knospe, aus der sich im Frühjahr wieder ein neues Blatt entfalten wird. Manchmal sehen die Bäume im Sommer schon recht herbstlich aus. Vom äußeren Rand her verfärben sich die Blätter braun. Frische grüne Triebe – oft «Angsttriebe» genannt – sprießen plötzlich am Stamm als Ersatz für die kranken Blätter der Baumkrone. Doch auch ihr Leben wird nur von kurzer Dauer sein!

Schön ist es, durch den Herbstwald zu wandern und im raschelnden Laub Kastanien zu suchen! Diese Bäume sind noch gesund. Ihren Verwandten an der Straße geht es meist viel schlechter: Das viele Streusalz macht die Bäume krank. Sie nehmen das im Wasser gelöste Salz aus dem Boden auf. Durch die Gefäßbündel gelangt es in die Blätter und lagert sich auf der Blattoberfläche ab. Der Regen wäscht das Salz zwar ab, doch durch den Boden gelangt es über die Wurzeln wieder in den Baum. Ein Kreislauf, der den Baum unerbittlich zugrunde richtet. Ohne Bäume können wir aber nicht leben! Sie filtern die verbrauchte Luft und geben neuen Sauerstoff zum Atmen ab. Roßkastanien sind besonders empfindlich gegen das Tausalz. Viele sind geschädigt, viele gestorben. Das kommt aber nicht vom Salz allein! Unsere Luft ist heute so verschmutzt, daß nicht nur Bäume darunter leiden, sondern wir alle, Menschen, Tiere und Pflanzen. Lange haben wir es nicht gemerkt oder wahrhaben wollen! Wir müssen uns alle, zu Hause, in den Quartieren, in Dörfern und Städten, dafür einsetzen, daß etwas geschieht: weniger oder gar nicht «salzen», weniger Auto fahren, weniger heizen, strengere Vorschriften und noch vieles andere mehr.

Was für ein Spaß für die Kinder, Kastanien nach Hause zu tragen und miteinander zu basteln: Dicke Ketten oder so eine lustige Kastanien-Mama mit feschem Hütchen, Kinderwagen und Hündchen – oder ist es eher ein Schäfchen?

Jetzt ist es Zeit für unseren «Abstecher» zu einigen anderen früchtetragenden Laubbäumen.

Der große Baum auf der rechten Seite ist eine Eiche. Sicher kennst du ihre hellgrünen Früchte mit ihrem lustigen kleinen «Hut» oben drauf.
Rehe, Hirsche und Wildschweine fressen im Winter nicht nur gerne Kastanien als Zusatzfutter, sondern auch Eicheln. Für uns Menschen werden auch Heilmittel daraus hergestellt. Besonders die Rinde, aber auch die Früchte, enthalten Gerbstoffe, Zucker, Stärke und ein Öl, aus denen man Mittel gegen Fußschweiß, Frostbeulen und auch gegen einige Erkrankungen der Haut herstellt. Auf keinen Fall sollte man seine «Wunderheilmischung» ohne ärztlichen Rat verwenden!
Im Krieg und in Notzeiten dienten geröstete Eicheln als Ersatz für Kaffeebohnen. Frag doch einmal deine Großeltern, wie man aus Eicheln Kaffee machte und wie der schmeckte!

Hellgrün leuchtet der Buchenwald im Sommer, und rotbraun und leuchtend gelb bringt er uns in Herbststimmung. Die Buchenfrüchte heißen Bucheckern oder Bucheln. Sie sind ziemlich

klein, braun und dreieckig. Wunderschöne Ketten lassen sich aus ihnen auffädeln! Wenn wir im Herbst durch den Buchenwald gehen, hören wir es überall leise knacken: Die Fruchtbecher platzen auf und fallen mit den nun befreiten Bucheckern zu Boden.

Wer kennt sie nicht: Die Walnuß, die zu Weihnachten auf den bunten Tellern liegt oder als Schmuck für den Weihnachtsbaum «vergoldet» wird? Auch in der Heilkunde ist sie von Bedeutung. Rheu-

ma, Gicht, Darmkatarrh und Hauterkrankungen lassen sich mit getrockneten Walnußblättern in Form von Tee und Badezusatz bekämpfen. Walnüsse werden auch in der Kosmetik und als Färbemittel für Wolle oft verwendet.
Der Nußbaum, dessen Holz sehr wertvoll ist, wird selten über 20 Meter hoch und fünf bis sechs Meter dick.

Ein kleiner, liebenswerter und meist zutraulicher Nager ist das Eichhörnchen. Es denkt nicht daran, Kastanien zu fressen wie manche andere Nagetiere! Es macht sich lieber über Haselnüsse und Bucheckern her.

Der Haselstrauch ist mit der Eßkastanie, nicht aber mit der Roßkastanie verwandt: Sie gehört zur Familie der Roßkastaniengewächse, die rund 18 Arten umfaßt. Die Edelkastanie auf der rechten Seite dagegen ist Teil der mit mehreren Hunderten von Arten sehr großen Familie der Buchengewächse. Dazu gehört zum Beispiel auch die Buche, die du auf der Seite 30 gesehen hast, und die Eiche (Seiten 28/29). Eine eigene Ordnung bildet die Familie der Walnußgewächse, zu denen unser Nußbaum auf der vorhergehenden Seite gehört. Du siehst: Die Einteilung im Pflanzenreich ist wirklich schwierig und oft recht verwirrend!

Die Eßkastanie, auch Edelkastanie genannt, ist ein Baum mit breiter Krone und rissiger Borke. Ihre lederartigen, glänzenden Blätter sind nicht zur Hand geformt wie bei der Roßkastanie, sondern länglich und am Rand stachelig gezähnt. Anders als bei der Roßkastanie ist auch die Blüte gebaut: An der Blütenähre sitzt ganz unten ein Knäuel mit weiblichen Blüten. Auch die männlichen Blüten sind knäuelförmig, aber weiter oben angeordnet. Nach der Befruchtung fällt der Teil mit den männlichen Blüten ab. Zwei bis drei weibliche Blüten bilden zusammen eine weiche Hülle, die sich zu einem mit langen Stacheln besetzten Fruchtbecher entwickelt. Jede dieser stacheligen Früchte trägt meistens nur einen Samen in sich, manchmal auch bis zu drei.

Eßkastanien wurden, wie übrigens auch die Weinstöcke, von den Römern vor vielen Jahrhunderten nach Süddeutschland gebracht. Bekannt ist die Eßkastanie auch unter dem Namen «Marone» (Mehrzahl: Maroni oder Maronen). Besonders in Mittelmeerländern werden die süßlichen, mehligen Maronen geröstet, kandiert oder gekocht und gelten als Leckerbissen. Auch bei uns steht auf dem Weihnachtsmarkt oft ein «Maronimann» und röstet die Früchte. Nicht jeder mag sie, aber man sollte sie bei Gelegenheit auf jeden Fall probieren.

Eis und Schnee bedecken das Land, die Tiere haben Mühe, etwas Nahrhaftes zu finden.

Dicht zusammengedrängt stehen die Hirsche da. Die Wildschweine durchstreifen hungrig den Wald und wühlen mit den Schnauzen den Schnee auf. Nur wenig Futter ist jetzt zu finden! Würde der Mensch die Wildtiere nicht mit Zusatzfutter versorgen, würden viele von ihnen den Winter nicht überleben. Der Wildhüter füllt die Krippen und Futterstellen regelmäßig mit Heu, Kastanien und Eicheln. Hast du auch schon einmal Kastanien oder Eicheln für die Tiere gesammelt und zum Förster gebracht? Auch im Zoo in der Stadt ist man froh um solche Futtergaben. Frag doch einmal nach, ob es in deiner Nähe eine Sammelstelle für Wildfutter gibt!

Im dichten Laub bleiben immer einige Kastanien liegen und ruhen auf der kalten Erdoberfläche. Wenn im Frühjahr die Sonne den Boden erwärmt, ist die Winterruhe zu Ende: Eine neue Kastanie beginnt sich zu entwickeln.

Der Same, die Kastanie, nimmt die Feuchtigkeit des Bodens auf und beginnt zu quellen, der Stoffwechsel kommt in Gang. Die Wärme und die Dauer des Tageslichts bestimmen das Wachstum des Baumkindes. Die Keimwurzel durchbricht die Samenschale, bohrt sich in die Erde und wird immer länger. Kurz danach beginnt der Keimstengel mit der Keimknospe nach oben zu wachsen, dem Licht entgegen. Die Keimknospe platzt, und die beiden Keimblätter entfalten sich.
Die Roßkastanie gehört zu den «Zweikeim-

blättlern». Vielleicht hast du schon einmal gehört, daß man das Pflanzenreich unter anderem auch in Ein- und Zweikeimblättler unterteilt. Einkeimblättrige Pflanzen sind zum Beispiel Orchideen, Gräser und Lilien.

Die beiden grünen Keimblätter der kleinen Roßkastanie stellen nun neben Sauerstoff auch Nahrung für den «Babybaum» her. Er muß ja Kraft haben zum Weiterwachsen!

Die Wurzel verzweigt sich. Sie verankert die kleine Kastanie fest im Boden und schickt Wasser und lebenswichtige Nährstoffe nach oben. Die Kastanie wächst und wächst. Es wird aber noch lange dauern, nämlich ungefähr 80 Jahre, bis sie ein so großer, stattlicher, schattenspendender Baum ist wie der auf unserem Abschlußbild auf der nächsten Seite.